1870.

20

—

LE SIRE DE BACQUEVILLE.

SOCIÉTÉ

DES

BIBLIOPHILES NORMANDS.

N° 52.

—

MINISTÈRE DE L'INSTRUCTION PUBLIQUE.

LE SIRE DE BACQUEVILLE

LÉGENDE NORMANDE

REPRODUCTION DE DEUX ARGUMENTS SCÉNIQUES

REPRÉSENTÉS EN BELGIQUE PAR LES ÉTUDIANTS DES JÉSUITES
EN 1622 ET 1630

PRÉCÉDÉ D'UNE INTRODUCTION

PAR

M. LE Mᵢˢ DE BLOSSEVILLE

ROUEN

IMPRIMERIE DE HENRY BOISSEL

—

M.DCCC.LXX

INTRODUCTION.

A quelle époque lointaine faut-il faire remonter l'origine des représentations théâtrales admises dans l'éducation publique? Par quel lien de filiation est-il permis de les rattacher aux *Mystères* et aux *Moralités* qui tiennent si justement une grande place dans l'histoire littéraire du moyen-âge? Ces questions méritent d'être traitées avec développement. Il ne s'agit ici que de tracer un des derniers chapitres de cette intéressante étude.

Un siècle à peine nous sépare du temps où nos pères n'auraient pas jugé un collége bien dirigé, si une distribution solennelle des prix avait manqué de l'attrait d'une mise en scène faisant valoir tous les jeunes talents, chacun dans sa spécialité, les beaux danseurs comme les beaux diseurs. Mais, depuis l'éloignement des Jésuites, cet usage qu'ils avaient, plus que les autres maîtres de l'enfance, contribué à entretenir, a tendu à s'effacer d'année en année sans disparaître tout-à-fait, maintenu surtout par l'exemple des Demoiselles de Saint-Cyr dans les maisons d'éducation de jeunes filles. Le théâtre de madame de Genlis, les scènes enfantines de Berquin, ont eu même une certaine vogue, et les écoles primaires tentent maintes fois sans beaucoup de succès de s'approprier ce genre de littérature dédaigné presque partout par les puissances universitaires.

L'exemple donné par Mgr Dupanloup dans son petit séminaire d'Orléans est plus facile à critiquer qu'à imiter, à une époque où les études perdent en profondeur ce qu'elles gagnent en superficie. Où trouver ailleurs aujourd'hui, sauf peut-être dans quelque université allemande, tout le personnel d'un drame grec, débité dans la langue d'Euripide et de Sophocle en présence d'un auditoire capable de comprendre ?

Ici nous n'avons pas à dépasser dans nos recherches les dernières années du xvie siècle, années fécondes en jeux de la scène dans les maisons d'éducation publique. Que de sujets divers traités alors, bibliques, grecs ou romains, presque sans exception ! Mais combien peu de ces œuvres sont arrivées jusqu'à nous ! Œuvres de médiocre valeur trop souvent, soit, mais caractéristiques de leur temps.

On a trop considéré comme jeux d'enfants ces exercices souvent préparés par la collaboration des maîtres et des élèves, par de grandes discussions sur le choix des sujets, par des rivalités de collége à collége luttant sur le même thème et opposant, *si parva licet componere magnis*, des Phèdres de Pradon aux Phèdres de Racine.

Notre époque, qui collectionne tout, qui sait faire des musées vraiment intéressants et instructifs avec des débris longtemps dédaignés, s'est avisée bien tard de rechercher les documents tout-à-fait éphémères qui sont devenus des plaquettes fort appréciées aujourd'hui.

Il est regrettable que leur intérêt réel n'ait pas été compris dès le temps ou le duc de la Vallière réunissait avec un goût si éclairé tous ces manuscrits de *Moralités* et de *Mystères,* qui sont devenus une des principales richesses de la Bibliothèque de l'Arsenal.

Honneur à M. de Soleinne venu trop tard sans doute pour réunir un riche ensemble, mais assez tôt encore pour sauver quelques épaves et donner un exemple de patientes recherches qui a trouvé d'intelligents imitateurs !

Il avait bien eu un précurseur, Pont de Veyle ; mais déjà le premier rudiment de recueil était dispersé. Il avait été glané au hasard dans des collections d'opéras et surtout de ballets.

On comprend l'excessive rareté de ces feuilles volantes qui n'étaient pas destinées à survivre aux solennités des colléges dans lesquelles on les distribuait aux assistants.

Ces programmes servaient surtout à faire connaître les acteurs et à suivre les paroles mises en musique.

La plupart de ces raretés bibliographiques sont dans le format de petit in-4°.

On n'y trouve en général que les arguments pour les tragédies, et les programmes pour les ballets, avec la distribution des rôles et les noms des acteurs.

Il s'était créé d'ailleurs dans la rivalité de collége à collége un sentiment très vif de propriété littéraire. On réservait pour l'avenir ces ébauches dramatiques dues à la collaboration des maîtres et des élèves. C'étaient le plus souvent des scènes tragiques en vers latins, quelquefois des imitations ou des traductions en vers latins aussi ; des comédies de temps à autre dans l'une ou dans l'autre langue, et même des pantomimes d'où dérivent les charades en action, chères encore à l'adolescence. Le ballet n'était qu'un accessoire en principe, mais trop souvent en fait la grande question du jour.

La collection de M. de Soleinne a subi le sort commun à toutes les riches collections privées de notre temps; la vente à l'encan l'a dispersée, mais sa mémoire est durable; les cinq volumes du catalogue de sa Bibliothèque dramatique sont un monument littéraire d'une incontestable valeur.

Dans les chapitres réservés au théâtre des établissements d'éducation, il est fait mention de quatre-vingts programmes des colléges les plus renommés, Harcourt et Navarre, Louis-le-Grand et Mazarin, le cardinal Lemoine,

Sainte-Barbe et le Plessis-Sorbonne ; la province y est
représentée par Grenoble, Avignon, La Flèche et Douai.

Mais les honneurs du catalogue sont au collége de
Rouen, dont il a été retrouvé trente-neuf pièces volantes,
de 1639 à 1757, toutes mentionnées dans le *Manuel du Bi-
bliographe normand*, de M. Edouard Frère, qui a lui-même
accru le nombre de ces résurrections en concurrence avec
MM. l'abbé Colas, C. Lormier et de Merval, heureux aussi
et non moins adroits dans leurs chasses aux raretés.

M. Charles de Beaurepaire, dans ses *Recherches* si com-
plètes et si bien mises en œuvre *sur les Établissements d'instruction publique dans l'ancien diocèse de Rouen*, émet le
vœu de voir chaque collége produire son histoire littéraire, « qui comprendrait l'énumération et l'appréciation
« des pièces de théâtre et autres compositions, représen-
« tées ou récitées dans les solennités scolaires. » Certai-
nement, comme il l'ajoute, l'histoire du collége de Rouen
présenterait à ce point de vue un intérêt tout particulier.

L'ère chrétienne tient bien peu de place dans ces exercices. Après Constantin et Charlemagne, qui se retrouvent
là en présence, comme sous le péristyle de Saint-Pierre-
de-Rome, on ne distingue exceptionnellement que Thomas
Morus, Clisson et Marie Stuart, et quelques allusions en
forme d'allégories mythologiques autant que laudatives à
la gloire de Louis XIV.

Hercule Grisel, en ses *Fasti Rothomagenses*, décrit avec

complaisance ces fêtes de la jeunesse studieuse qui te-
naient alors tant de place dans la vie des colléges.

Il ne faut pas perdre son temps à formuler un art poé-
tique rétrospectif pour ces jeux où la fantaisie tenait une
large place, presqu'aussi large trop souvent que celle d'un
goût très risqué.

En général les personnages abondaient.

Les savants maîtres de la jeunesse s'étaient évidem-
ment fait une loi d'intéresser le plus grand nombre
possible de leurs élèves à ces jeux d'une scène châtiée. Ils
voulaient mettre en relief les aptitudes diverses. Très
fréquemment, un drame latin était encadré entre un prologue et un épilogue français, et entrecoupé d'entrées de
ballets parfaitement étrangères au sujet. C'est ainsi qu'en
1632, l'écolier Thomas Corneille débuta sur la scène au
collége de Rouen, par le rôle de Thémis, dans un inter-
mède de *Jézabel*, tragédie en prose latine. On ne se gênait
pas le moins du monde pour introduire dans une action
biblique ou païenne des allusions à brûle-pourpoint aux
événements contemporains. On entrait aussi très largement
dans le système des emprunts aux auteurs à la mode, et
parfois on les traduisait en vers latins. C'est ainsi qu'*Athalie*
fut défigurée, au collége d'Harcourt, sous le titre de *Joas*.
Nous ne voyons pas que le collége de Rouen ait fait subir
pareil affront au grand Corneille. On se contenta de mar-
tyriser son *Polyeucte* en vers latins.

Mais ce n'était pas toujours tragédie ou comédie, quelquefois c'était un panégyrique en action ; *drama panegyricum*, où l'encens était jeté à poignées pendant cinq actes entiers, trois au moins dans les jours de modération, sans compter les cassolettes qui brûlaient encore dans les intermèdes, le tout entrecoupé par des anagrammes superlativement laudatifs, entre un prologue et un épilogue où la rhétorique résumait toutes les formules de compliment les plus ampoulées.

On répète souvent que :

Le latin en ses mots brave l'honnêteté ;

En ses mots aussi la latinité moderne brave l'atticisme dans la louange. Après trois grandes heures d'un pareil régime, le personnage adulé devait éprouver le besoin d'une petite injure.

Nous avons déjà dit quelle place le ballet, si cher à la cour de Louis XIV adolescent, s'était faite dans ces jeux de la jeunesse. Les habitudes sociales l'exigeaient ; et un accessoire si secondaire aujourd'hui dans les talents d'agréments de l'éducation publique, n'aurait pas été impunément mis en oubli. C'était même parfois pour des familles émulation d'assez fortes dépenses.

M. Eugène de Beaurepaire a constaté que beaucoup de collèges, fidèles en cela aux traditions des Jésuites, possédaient le matériel nécessaire, et M. Charles de Beaurepaire

fait remarquer que souvent les affiches et les costumes
étaient aux frais des écoliers.

A ce propos nous rencontrons dans l'*Inventaire général
de la Muse Normande* de David Ferrand un *Chant ryal* :
« *le subject est qu'vn nommé Beau-regard qui enseignoit la*
« *Iurisprudence en cette ville, comme il auoit de grandes*
« *cognoissances, il fit emprunt de plusieurs bagues, ioyaux et*
« *coliers de perles, pour orner son fils qui representoit quelque*
« *personnage en vne Tragédie qui se faisoit aux Iesuistes, il*
« *s'enfuyt de nuist, emportant avec soy grand nombre de*
« *richesses, et ne s'est veu depuis.* »

Il paraît que de leur côté les hauts personnages condamnés
à subir les coups d'encensoir, en recevaient pour leur argent.

En 1653, ce fut grâce à la munificence du premier Président Faucon de Ris, marquis de Charleval, que vingt-neuf
collégiens représentèrent en cinq actes, précédés d'autant
de prologues débités chacun par un élève différent, une
tragédie latine : *Diocletianus furens Christo triumphante.*
Chacun de ces actes devait avoir son exposition *gallico ser-
mone.* Le premier des jeunes orateurs avait nom *Carolus* de
Faucon de Ris, *Parisiensis*, et les héritiers des familles par-
lementaires figuraient en grand nombre parmi les acteurs
du drame, que suivait avant la distribution solennelle des
prix, en l'honneur *munificentissimi agonothetæ*, un *diludium*
à quatre personnages : Apollon, Mercure, le Génie du
Parnasse et le Génie de la Rhétorique.

Un siècle plus tard les mœurs publiques étaient bien changées. La scène des colléges était demeurée immuable.

Les prix étaient alors donnés tous les ans par le Parlement de Normandie, au Collége Royal Archiépiscopal de Bourbon, de la Compagnie de Jésus.

On a conservé le programme très développé d'un ballet longissime, composé en 1758 par Bacquoy Guédon, maître à danser du collége. Le *Pouvoir de l'harmonie*, tel est le titre, laissait un vaste champ libre à l'imagination du chorégraphe. Aussi ne s'est-il rien refusé. Il passe du sacré au profane, et du profane au sacré, sans toutefois les confondre dans ses entrées de ballets qui ne sont pas moins de quatorze, suivies d'un ballet général. A la prise de Jéricho succèdent Arion et son Dauphin. Après David touchant de la harpe et dansant, on ne dit pas si c'est devant l'Arche, paraît Esculape guérissant des moissonneurs de la Pouille, piqués de la tarentule. Et, que de merveilles! des arbres et des rochers marquant la cadence; des *satyres* exprimant par des danses *ingénues* une joie *pure et innocente*. On assiste à l'entrée des Vertus civiles, et Platon, le divin Platon, a un très beau succès d'austérité dépouillée. Lycurgue, lui aussi, a sa part de paisible harmonie, et fait place à l'entrée des Arts mécaniques, où figurent entr'autres danseurs des savetiers, des pâtissiers et un charbonnier, que remplacent bientôt Virgile, Anacréon, Melpomène et Therpsicore. Le grave et le doux, le plaisant

2

et le sévère, ont tous leur satisfaction. Les familles l'a-
vaient aussi, car le nombre des acteurs était très grand,
tous désignés par leurs noms dans le programme imprimé.
Le Soleil c'était le jeune le Boullenger. La planète de Vénus,
Huillard; un Arbre et une Parque, Thiessé; Tyrtée, un Lu-
signan né dans l'île de Scio; Quesnel et Darcel, des Ris et
des Jeux ; tout est nommé : les Grâces comme les Furies,
les petits maîtres comme les forgerons. Le secret n'est
gardé qu'une fois : divers animaux, M.M.*** Et quelle
gloire enviée pour ceux qui dansaient seuls dans le ballet
du *Pouvoir de l'harmonie* !

De la même époque, on a encore, sous le titre de l'*Émulation*, un scénario de ballet dû aussi à la verve chorégraphique
du maître à danser Bacquoy Guédon. La date manque à
l'exemplaire de M. l'abbé Colas; mais elle est postérieure
au désastre de Charles Edouard, car on reconnaît au nom
d'Holker le fils d'un proscrit, fidèle compagnon du Prétendant; on distingue aussi parmi les figurants plusieurs des
jouvenceaux qui se sont partagé la scène dans le ballet du
Pouvoir de l'harmonie, et l'on a retrouvé, dans la généalo-
gie d'une famille parlementaire, le nom d'un étudiant, mort
à seize ans, vers 1761, Michel de Vatimesnil.

Le style des arguments n'est ni moins emphatique, ni
moins précieux. L'ordonnance est d'ailleurs la même; des
tableaux succédant à des tableaux, sans autres liens
entr'eux qu'une bien vague pensée prétendant à la morale.

Au personnage d'Hercule fondant une école militaire, allusion sensible, succède Pierre-le-Grand, en souvenir de sa visite à la France, puis Apollon, Minerve, les Muses et les magistrats d'Athènes font une entrée que suit immédiatement la distribution des prix. Mais on est loin encore du ballet général où le *colosse hideux de la jalousie* sera renversé par l'*Émulation*. Il reste neuf entrées qu'il serait trop long d'analyser, mais parmi lesquelles on ne peut se défendre de signaler un défilé devant le Dauphin des quinze Rois de France qui avaient porté le nom de Louis. On voit ensuite quatre Vices céder la place en cadence à quatre Vertus ; puis bientôt, plus grande merveille ! un pas de deux entre Newton et Descartes, et toutes les lettres de l'alphabet se poursuivant au travers des labyrinthes d'une contredanse.

La question de la découverte du Nouveau-Monde est tranchée ensuite au profit d'Améric Vespuce ; les Horaces et les Curiaces sont suivis de la conquête de la Toison-d'Or, et les Pygmées sont poursuivis par les Grues jusqu'aux pieds d'Hercule, un Hercule de seize ou dix-sept ans. Les Pygmées ! heureuse invention pour mettre en scène la gent escolière la plus enfantine ; mais à qui confier le personnage des Grues ?

On respire enfin ; oh ! non pas si vite, nous lisons encore « *Fermera le théâtre par l'éloge du Parlement.* »

Et c'était bien le moins ; car la *Suprema Curia Senatus Rothomagensis* faisait splendidement les choses.

. Il ne faudrait pas se livrer trop longtemps à la lecture de ces *libretti*, de ces *scenarii* plutôt, mais les arguments sont parfois vraiment curieux. On les croirait nés de la collaboration du maître à danser et du maître de philosophie de M. Jourdain. N'allez pas en conclure pourtant qu'ils soient écrits dans la langue de Molière, quoique Molière lui-même, forcé de sacrifier aux faux-Dieux, ait fait chanter des fleuves, danser des statues et sauter des Thessaliens sur des chevaux de bois.

Le Collége Royal Archiépiscopal n'avait pas eu en Normandie l'initiative des jeux scéniques. M. Ch. Lormier notamment a recueilli trois tragédies, représentées au collége des *Bons-Enfants* de Rouen entre les années 1597 et 1604, par conséquent avant l'arrivée des Jésuites : *Esaü*, ou *le Chasseur*, dédié au duc de Montpensier ; *Polixène*, dédiée à la Duchesse sa femme, et *Hipsicratée*, ou *la Magnanimité*, avec dédicace à Georges de la Porte, seigr de Montigni, président à la Cour de Parlement, tels étaient les titres de trois pièces tragiques versifiées par Jean Behourt, régent du collége, et imprimées dans le format in-12 chez Raphael du Petit Val.

Voici en quels termes le docte régent s'adressait au très haut et très illustre Prince : « Ce chasseur append sa « trompe à l'autel de vostre excellence, comme de sa Diane « tutélaire, imite le petit Roitelet qui désireux de voler « bien haut pour contempler de plus près le soleil et

« n'osant s'advanturer à son foible vol , se juche sur les
« aisles de l'aigle qui luy fait la mesme grace et faveur,
« laquelle cestuy cy espere et attend de vous.... »

Cela ne passait point alors pour pédantesque ni ridicule.

Malgró l'intérêt de curiosité de ces trois sujets , c'est
jusqu'à présent du collége archiépiscopal qu'est sortie la
plus précieuse récolte de ces raretés. Ailleurs encore

Il s'en retrouvera, gardons-nous d'en douter ;

et c'est leur recherche que notre publication a pour but
d'encourager.

Déjà nos collègues, MM. de Merval, ont découvert un
programme fort original du collége d'Avranches en 1696,
et cette heureuse rencontre nous a valu une très intéressante notice de M. Eugène de Beaurepaire, notre collègue
aussi, notice où figurent deux arguments, l'un de 1722,
l'autre de 1747, recueillis dans la bibliothèque de M. de
Vauville.

Enfin, nous avons sous les yeux un argument en pa-
reille forme de *Joseph*, tragédie sainte de l'abbé Genest,
de l'Académie française, représentée pour la seconde fois,
en 1771, au collége de Vernon, grâce à la munificence du
comte d'Eu. On y doit remarquer ce jugement superlau-
datif :

« Cette tragédie doit être regardée comme la plus excel-
« lente de toutes celles qu'on a données au public sous le

« titre de *Joseph*. M. de Malezieux, cet habile connaisseur,
« cet homme d'un discernement si exquis, ne craint point
« de comparer le Joseph de l'abbé Genest au Cinna du
« grand Corneille. »   .

Après cette énormité littéraire, le programme de Vernon
fait intervenir le jugement favorable de Bossuet, mais au
point de vue moral seulement.

La vérité vraie, c'est que Genest et Malezieux avaient été
l'un et l'autre de l'Académie française, et de la maison de
la duchesse du Maine ; que Voltaire classait ce prétendu
chef-d'œuvre parmi « ces pièces écrites d'un style lâche
« et prosaïque que les situations font tolérer à la représen-
« tation. » C'est enfin que du sujet de Joseph si souvent
porté au théâtre, il ne reste que la musique de Méhul.

Mais ces digressions nous éloignent beaucoup trop de
notre publication. Après avoir énuméré un certain nombre
d'anciens jeux de la scène, applaudis en Normandie, pourquoi précisément choisir pour spécimen deux pièces représentées et imprimées en Belgique? Pourquoi? parce
que ces arguments, heureusement découverts par notre
collègue, M. Gustave Grandin, sont jusqu'ici les seuls
connus, dont le sujet commun soit emprunté à nos annales
normandes.

La légende de Bacqueville Martel a un grand air de famille avec plusieurs autres traditions de notre province,
celles de Saint-Adjutor de Tilly notamment, de Guil-

laume de Marcilly et du sire des Essarts. C'est souvent ainsi, comme l'a fait remarquer notre collègue M. Raymond Bordeaux, que « le souvenir du retour inespéré de « guerriers retenus en captivité, s'est fixé, sous la forme de « récits merveilleux, dans la mémoire des populations. »

Remarquons en passant quelle place tient dans ces récits la réminiscence classique d'Ulysse mendiant.

Voici comment le fait légendaire était rapporté en 1674 par un des descendants du chevalier croisé, Charles-Étienne du Fay Martel, seigneur de Bacqueville, dans le contrat de fondation d'une chapelle dans son chateau, proche la grande porte, en l'honneur de Dieu, et sous le titre du glorieux saint Léonard :

« Feu M. de Basqueville Martel, prisonnier en Turquie « pour la foy catholique, auroit esté transporté miracu- « leusement du pays infidelle dans les bois de Basqueville, « où estoit encore une croix à la place où le dict seigneur « avoit esté trouvé. En mémoire de quoi avoit été lors « bâtie une chapelle à l'honneur de ce grand sainct, la « quelle avoit esté depuis ruinée et démollie, durant les « guerres civiles, et *l'impiédesté* des Calvinistes. . . .

« Le dit seigneur auquel estoit arrivé le miracle avait « fondé de reconnoissance la première chappelle. » (*Archives de la Seine-Inférieure.*)

Cent ans plus tard, la seconde chapelle, celle qui avait été élevée par Charles-Étienne du Fay, tombait déjà en

ruines. Le marquis de Bacqueville sollicitait l'autorisation
de transférer les cercueils des Martel dans une chapelle
de Saint-Blaise, et dans une demande adressée en 1780 au
cardinal de La Rochefoucauld, il était dit, de Bacqueville
Martel, qu'il avait fondé la première chapelle « à son retour
« de la dernière croisade, en exécution du vœu qu'il avoit
« fait à saint Léonard, auquel ayant eu de tout temps
« grande dévotion, et étant détenu depuis sept ans esclave
« en Turquie, il avoit adressé ses prières et promis de
« faire construire une chapelle dans son château, si Dieu
« lui faisoit la grâce d'en revenir. »

L'archevêque ordonna que la chapelle tombant en ruines
serait démolie entièrement, et que les matériaux ne pour-
raient être employés à usage profane.

Les cercueils des seigneurs furent transportés dans l'é-
glise paroissiale de Bacqueville, en une chapelle de Saint-
Léonard, où la légende du Chevalier a été figurée en trois
panneaux, sur de vieux lambris, par des peintres que
M. l'abbé Cochet croit avoir appartenu au xvııe siècle. Un
autre monument consacre un des souvenirs de la tradition
populaire, c'est une Croix, *la Croix mangea-là*, érigée à
l'endroit même où Guillaume Martel, épuisé d'inanition,
aurait été secouru par plusieurs jeunes bergères.

Et maintenant quel lien existait-il entre la Compagnie
de Jésus et la mémoire de Bacqueville Martel? M. Charles
de Beaurepaire nous l'apprend dans ses instructives *Recher-*

ches sur les établissements d'instruction publique de l'ancien diocèse de Rouen.

Donné par un Martel à l'abbaye de Tiron, en 1130, bien avant la date du retour miraculeux, le prieuré de *Saint-Blaise* de Bacqueville, très distinct de la chapelle de *Saint-Léonard*, n'était plus au xvi° siècle qu'un simple bénéfice.

Quand éclatèrent les guerres de religion, le Martel de Bacqueville, chef de la descendance du croisé, était passé aux huguenots et usait de tous les moyens, même les moins avouables, pour rentrer en possession du domaine.' Il avait même établi de son autorité privée un prêche dans la chapelle priorale. De là de longues et vives contestations entre divers prétendants qui se concilièrent enfin en 1607 par une cession régulière au collége de la Compagnie de Jésus, à Rouen, cession qui ne reçut sa confirmation défi-nitive qu'en 1698, par arrêt du Grand-Conseil.

Des titres consultés par M. Charles de Beaurepaire éta-blissent que les Jésuites, mis en possession du prieuré, venaient fréquemment dans le pays prêcher et faire des catéchismes.

Une dernière question! Pourquoi les Jésuites belges ont-ils substitué l'intervention de saint Julien à celle de saint Léonard? La réponse doit être facile ; mais nous ne savons que répondre. Un plus hardi le fasse ! Nous lui signalerons comme le plus ancien document qui nous soit tombé sous les yeux la légende inscrite aux pages 336 et suiv. du *Pèlerin de Lorette*, du R. P. Louis Richeome, et reproduite textuellement, avec la naïveté d'un style qui n'est pas sans charmes, dans les *Eglises rurales de l'arrondissement de Dieppe*, par M. l'abbé Cochet ; c'est d'après cette version adoptée de confiance que l'épisode a été raconté dans l'*Histoire communale des environs de Dieppe*, de M. Auguste Guilmeth, et dans la *Normandie romanesque et merveilleuse*, de Mlle A. Bosquet. Ajoutons que le titre de la première des deux pièces que nous reproduisons signale le livre du Père Richeome comme une des sources où les auteurs ont trouvé leur sujet et sans doute puisé une partie des détails de l'action.

Mlle DE BLOSSEVILLE.

BAQVEVILLE

GENTILHOMME NORMAND

Tiré des .... de .... du
Père Louys Richeome de la Compa-
gnie de IESVS.

Qui sera .... par les Estudians du College
.... Compagnie de Iesus à ....

Le 15. ....

A TOVRNAY,
De l'Imprimerie d'Adrien Qvinqvé.

M. DC. XXII.

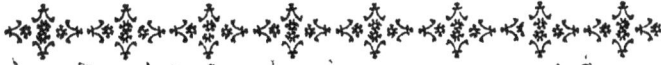

L'AN de grace 1386, regnant Charles sixieme en France, lors que la Noblesse Françoise alla en Hongrie pour defendre ce Royaume Chrestien contre les inuasions des Turcs, vn grand Seigneur de Normandie appellé Baqueuille aagé de cinquant ans, eut grand desir d'aller à ceste guerre; il y alla, mais comme l'armée Chrestienne fut taillée en pieces, il fut faiĉt prisonnier entre plusieurs autres Seigneurs; il fut vendu & reuendu plusieurs fois à diuers maistres l'espace de sept ans qu'il fut esclaue. En fin son dernier maistre irrité de se voir frustré de la rançon que son prisonnier luy promettoit, conclud vn iour de le faire mourir, & donna charge à vn de ses seruiteurs d'exequuter sa resolution ce iour là; ce qu'entendant ce pauure Seigneur se dispose à la mort, & se recommande de tout son cœur à Dieu & à sainĉt Iulien, auquel il auoit esté tousiours deuot, & fit vœu de luy bastir vne chappelle, si par son intercession, Dieu le retiroit de ce desstroit, & là dessus s'endort, comme il eut sommeillé quelque temps il s'eueille, & pensant estre encore en la cahuëte où il attendoit la mort, il se trouua au milieu de sa propre forest, où il auoit esté mille fois à la chasse, il retourne en son Chasteau, où Madame sa femme se preparoit pour aller à la messe receuoir la benediĉtion de son second mariage pensant que son mari estoit tué, il fut recogneu de sa femme, & ayant faiĉt bastir vne chappelle à l'honneur de sainĉt Iulien, quelque temps apres rendit son ame à Dieu.

Les entremetz, font les victoires de Hercules en la terre, en la mer, & au ciel.

ACTE PREMIER.

Scene 1. **B**Arthole feruiteur du Seigneur Baqueuille fe plaind du trauail domeftique. Tranio fon conferuiteur l'admonefte de fon office.

Scene 2. Tranio faiɛt le Prologue.

Scene 3. Le Seigneur Baqueuille ayant prins congé de fa femme, & prouueu aux affaires de fa maifon fe difpofe à fon voyage de Hongrie, on luy apporte lettres de fa femme auec le dernier à Dieu, laquelle il refaluë luy enuoyant la moitie d'vn anneau d'or qu'il auoit pour quelque marque de reciproque amitié ; il recommande fa femme à Hepheftio fon Coufin germain. Les Seruiteurs fe saluent pour la derniere fois.

Entremet 1. Vne armée de Nains s'efleue contre Hercules.

ACTE DEVXIEME.

Scene 1. **A** Garoftocles Conte François brufle d'vn defir d'aller à la guerre Hongroife, mais fon pere trop auare le retient par force en la maifon, on prend diuers confeils pour le pouuoir faire aller à la guerre.

Scene 2. Barthole enuoyé par fa maiftreffe pour s'enquerir de fon maiftre le Sieur Baqueuille, trouue deux garçons auec lefquels il entre en debat, fur ces entrefaiɛts fortent de la tauerne quelques piliers de caberet, nouuelle noife s'efleue, peu apres il contefte auec vn portier fans aucune nouuelle de fon maiftre Baqueuille.

Scene 3. Vn foldat François raconte la poure fortune & miferable

miferable boucherie de l'armée Françoife, ce qu'entendant
Barthole, conclud que le Seigneur Baqueuille fon Maiftre
eft occis auec les autres.

Entremet 2. Hercules deliure Hefione de la gueule d'vn
Monftre marin.

ACTE TROISIEME.

Scene 1. VN Turc efprouue & tente la conftance du
Seigneur Baqueuille fon efclaue, lequel il
confine par apres en vne prison eftroicte.

Scene 2. Charles fixieme, Roy de France s'attrifte du
maffacre & perte de braues Cheualiers François.

Scene 3. Baqueuille deplore & lamente fa mifere.

Scene 4. Les efclaues compagnons de Baqueuille font
trainez à l'ouurage.

Scene 5. Baqueuille eft condamné aux quarrieres par fon
maiftre.

Entremet 3. Hercules tire hors des enfers le chien à trois
gofiers.

ACTE QVATRIEME.

Scene 1. L'Empereur des Turcs deuient fier & arrogant
pour fa victoire, fe moquant à pleine gorge
des Chreftiens.

Scene 2. Hepheftio cousin germain du Seigneur Baqueuille defcouure les tromperies de ceux qui faifoyent
la cour à Madame Baqueuille laquelle penfoit que son
mari eftoit mort.

Scene 3.

Scene 3. L'Empereur Turc commande de faire vn bal barbare à l'honneur de fon faulx Prophete Mahomet.

Scene 4. Le Turc maiftre de Baqueuille fruftré de l'efperance de la rançon de fon efclaue laquelle il auoit attenduë l'efpace de fept ans, porte fentence de mort contre Baqueuille pour la nuiĉt prochaine.

Scene 5. La mufique fert de femonce à Baqueuille à faire fes apprefts à la mort.

Entremet 4. Hercules eft mis au nombre des Dieux.

ACTE CINQVIEME.

Scene 1. SAinĉt Iulien defcend du ciel pour fecourir Baqueuille d'vne façon du tout nouuelle.

Scene 2. Milphio feruiteur loüe des ioüeurs d'inftrumens & cuifiniers pour les nopces de fon maiftre lequel penfoit efpoufer la femme du Seigneur Baqueuille.

Scene 3. Le Turc cherche son efclaue Baqueuille, mais en vain, car il n'eft point à trouuer.

Scene 4. Sainĉt Iulien retourne au ciel.

Scene 5. Baqueuille s'efueille, il fe trouue au milieu d'vn bois, il s'eftonne, il f'enquiert de quelques bergiers en quel lieu il eft, ayant tout bien recogneu, retourne en fon propre Chafteau qui eftoit affez voifin de cefte foreft.

Scene 6. Les conuiez en grand nombre viennent aux nopces. Deux petits mauuais garnemens en font forclos, pour auoir iniurié & molefté le portier.

Scene 7. Le Sieur Baqueuille penfant entrer en fon Chafteau eft reieĉté, & mal traiĉté des seruiteurs, en fin eft comme
incogneu

incogneu admis par fon coufin germain, lequel peu apres raconte que le Seigneur Baqueuille eft de retour, & montre le demi anneau marque de fon amour enuers fa femme, lequel il auoit gardé à fon partement. Le Seigneur Baqueuille eft recogneu de tous; fes feruiteurs luy prient pardon pour le mauuais traictement qu'ils luy ont faict, & brocards qu'ils luy ont dict; il leur pardonne, & rend graces à Dieu & à S. Iulien pour fa deliurance : il accomplit fon vœu, & conuie les auditeurs au feftin lequel f'appreftoit pour fon heureux & miraculeux retour.

A la plus grande gloire de Dieu, & de la glorieufe Vierge Marie.

BACQVEVILLE

Deliuré de prifon, & de mort par S Ivlien.

COMEDIE

Reprefentée par les Eftudiants de la Compagnie de Iesvs en la Ville d'Ath le 26. d'Aouft fur les trois heures apres midy.

DEDIEE

A MONSEIGNEVR

Monfeig.ʳ de Thoricourt Cheualier, M. de Camp, du Confeil de guerre de fa Majefté, Gouuerneur des Ville & Chaftellenie d'Ath, &c.

Monfieur DE GERMES Efcuyer, Seigneur du Iardincelles, D'efcrolieres, &c. Lieutenant.

MESSIEVRS DV MAGISTRAT DE LADITE VILLE

& aux deuots de S. IVLIEN.

ARGVMENT.

E Nuiron l'an de grace 1386. Vn grand Seigneur de Normandie nommé Bacqueville aagé d'enuiron cinquante ans print les armes, & en qualité de Cheualier fe ioignit à la Nobleffe Françoife, qui du temps de Charle fixiefme, s'en alla en Hongrie pour la defendre contre les inuafions des Turcs. Cefte guerre fut contraire au François, car ils furent vaincus & un grand nombre de Seigneurs faicts prifonniers, & menez en Turquie, entre lefquels fut Bacqueuille, il demeura en captivité fept ans, pendant lefquels, il fut vendu, & reuendu a diuers Maiftres, & quoy qu'il efcriuit diuerfes lettres à fa femme pour auoir fa rançon, & qu'elle reciproquement fift tout deuoir pour fçauoir l'eftat de fon Mary, toute-fois iamais ils n'entendirent rien l'un de l'autre; cependant Bacqueuille eftoit mal traicté de fon Maiftre, lequel enfin irrité de fe veoir fruftré

de

de la rançon qu'il esperoit, conclud vn iour de le faire mourir, & donna
charge a vn de ses seruiteurs d'executer sa resolution, ce qu'ayant entendu ce pauure Seigneur il se resolut de prendre la mort en patience,
& neantmoins retournant aux moyens diuins, au defaut des humains se
recommanda de tout son cœur à Dieu, & à S. Iulien, auquel il auoit esté
tousiours deuot, & fit vœu de luy bastir vne Chapelle si par son intercession & priere Dieu le retiroit de ce destroit ; la dessus il s'endort,
durant le sommeil les chaisnes luy tomberent des mains & des pieds, &
fut miraculeusement transporté hors de prison, estant esueillé il se
trouua en Normandie au milieu d'vne forest voisine de son Chasteau, y
s'y en alla, & trouua sa femme toute preste a se remarier, de laquelle
il fut recogneu en luy monstrant vne piece d'anneau qu'il auoit emporté
et gardé iusques alors. Voila l'Histoire qui est rapportée par Belle-
forest aux voyage d'Hongrie, & par le P. Richeome au pelerin de
Lorette.

Or nous tenons que ce S. Iulien qui deliura le S. de Bacqueuille de la
Prison des Turcqs est celuy qui fut Martyrisé en Auuergne, qui est
Patron de ceste Ville. S. Gregoire de tours fait mention de luy, & conte
des grands Miracles qui ont esté faicts par son intercession, mesme en la
personne de son Oncle & de son Frere, & autres, nommément de deux
prisonniers, qui furent mis en liberté, & deliuré du danger de mort, ce
qui fut cause que la renommée du S. s'espandit par tout, qu'on lui bastit
vne Chapelle lez Tours, & que la deuotion du Peuple s'accreust beaucoup.
Dont le S. Bacqueuille qui estoit voisin en ayant eu cognoissance, conceut
vne particuliere deuotion vers le Sainct, & se resouuenant en sa captiuité
qu'il auoit secouru des Prisonniers, luy adressa sa priere, & fut incon-
tinent par luy mis en liberté, ramené en son Pays, & restably en sa
Maison.

ACTE PREMIER.

ENTRE-IEV.

Qui repreſentera la cruauté vaincuë par la force diuine.

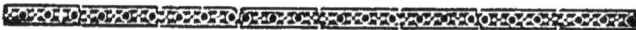

ACTE DEVXIESME.

il eſtoit Cheualier, riche et opulent, nonobſtant il eſt confiné
en priſon.

Phormio ſe cholere de ce que ſon Pere a changé de volonté,
Calophraſtes luy promet de le faire conſentir de nouueau à
ſon Mariage, ſur ce que Stratophontes eſt appaiſé & rentré
en grace auec luy.

SCENE III.

Le ſeruiteur de Heduis femme de Bacqueuille fait en-
tendre à Phormio qu'elle s'eſtonne fort, comment il n'a pas
enuoyé les violons, comme on fait es nopces, & qu'il ne l'a
pas venu viſiter.

SCENE IV.

Vn autre ſeruiteur ſe plaint d'auoir trop à preparer pour
les nopces. Et r'encontrant Charinus qui auoit perſuadé a
Phormio d'enuoyer des ioueurs, & faire les autres appreſts,
s'indigne contre luy, & le chaſſe hors la maiſon.

SCENE V.

Phormio s'en va au Chaſteau & mene auec ſoy des
ioueurs.

ENTRE-IEV.

Vn aubade d'inſtruments.

ACTE TROISIESME.

SCENE PREMIERE.

CRanio perſiſte en ſon opinion, & veut abſolument
rompre l'alliance. Calophraſtes fait ſon mieux pour l'in-
duire

duire a paſſer outre, mais en vain, à cauſe du ſonge qu'il a
eu, & des raiſons que ſes amis luy ont aduançé.

SCENE II.

Le Baſſa apres auoir fulminé contre Baqueuille, le con-
damne à la mort, & donne charge à vn ſeruiteur d'executer
ſa reſolution.

SCENE III.

Le pauůre Bacqueuille deplore ſa fortune, ſe laiſſe en fin a
la prouidence de Dieu, & faiĉt ſa priere, & ſon vœu à S. Iulien, & ayant obtenu du ſeruiteur quelque ſurſeance d'exe-
cution, il retourne en priſon, & ſ'endort.

ENTRE-IEV.

*Vne apparition de S. Iulien en laquelle Bacqueuille eſt
deliuré de priſon, & tranſporté en Normandie.*

ACTE QVATRIESME.

SCENE PREMIERE.

S Torax s'en va en priſon pour mettre à mort Bacqueuille,
mais il ny trouue perſonne, dont il redoute fort de com-
paroiſtre deuant le Baſſa ſon maiſtre.

SCENE II.

Le Baſſa vient regarder ſi ſa ſentence eſt executée, mais
voyant que non, & ayant entendu du ſeruiteur que le pri-
ſonnier s'eſtoit eſchappé, il ſe met en furie contre luy.

SCENE III.

Bacqueuille eueillé, ſe trouue dans vne foreſt, à peine
peut il croire qu'il ſoit déliuré.

SCENE IV.

SCENE IV.

Deux enfans deuifans par enfemble de la chaffe au loup que deuoyent faire les Bergers, font rencontrés de Bacqueuille, qui leur parle en langue Turquefque, & demande par ou il pouldra fortir de Turquie, car il y penfe encor eftre, mais eux s'enfuyent.

SCENE V.

Les enfans retournent auec leurs Peres, & pendant qu'ils recitent ce qui leur eftoit arriué voicy retourner Bacqueuille, qui demande derechef le chemin, il apprend d'eux qu'il eft en Normandie.

ENTRE-IEV.

Les Bergers font leur chaffe.

ACTE CINQVIESME.

SCENE PREMIERE.

EN fin le Viellard Cranio eft content que fon fils s'allie par mariage à Heduis.

SCENE II.

Phormio fe refiouit d'auoir impetré congé de fe marier, & depefche vn homme au Chafteau, pour veoir fi tout eft preft.

SCENE III.

Bacqueuille faiƈt ce qu'il peut pour entrer au Chafteau, & parler à fa femme, mais il eft repouffé comme eftranger, & chargé d'iniures.

SCENE IV.

Phormio fe plaint que le feruiteur qu'il avait enuoyé au

Chafteau

Chafteau tarde trop a retourner, on luy dit qu'vn Viellard
auoit voulu entrer dedans. Sur ces difcours, Bacqueuille fe
prefente derechef pour entrer, il reçoit des iniures, & vn
fouflet; cependant on apporte les nouuelles que tout eft
preft.

SCENE V.

Bacqueuille n'ayant fceu par douceur auoir entrée au
Chafteau, fait force au feruiteur. & frappe à la porte, Pam-
phylus y vient, & ayant ouy les raifons de Bacqueuille, le
fait entrer dedans.

SCENE VI

Phormio retourne, & ayant entendu que Bacqueuille
eftoit entré, il fe fafche, Bacqueuille apres quelques difcours,
monftre vne piece d'anneau qu'il auoit, & eft recogneu.
Phormio fe retire, tout confus, Bacqueuille pardonne les
iniures qu'il a reçeu, & auec fa femme remercie S. Iulien
des graces qu'il a reçeu par fon interceffion.

Quelques Enfans pourfuiuent cefte action de grace, faifant
fur le Nom de S. IVLIEN plufieurs Anagrammes.

A la plus grande gloire de Dieu, & de la glorieufe
Vierge Mere, & de S. Iulien.

A ATH, Chez Iean Maes Imprimeur juré, au nom de IESVS.
L'an du Verbe jncarné M. DC. XXX.

www.ingramcontent.com/pod-product-compliance
Lightning Source LLC
Chambersburg PA
CBHW070713210326
41520CB00016B/4328